El libro de recetas de batidos para principiantes

50 recetas de batidos

Laurencia López

Reservados todos los derechos.

Descargo de responsabilidad

Tabla de contenido

Introducción

Una receta de batido es una bebida hecha con puré de frutas y / o verduras crudas, usando una licuadora. Un batido a menudo tiene una base líquida como agua, jugo de frutas, productos lácteos, como leche, yogur, helado o requesón.

1.Batido de piña minúscula

Ingredientes

- ❖ 200 g de piña, pelada, sin corazón y cortada en trozos

- ❖ salen unas mentas

- ❖ 50g de hojas tiernas de espinaca

- ❖ 25g de avena

- ❖ 2 cucharadas de linaza

- ❖ puñado de anacardos sin sal y sin tostar

- ❖ jugo de limón fresco, al gusto

instrucción

1. Ponga todos los ingredientes en una licuadora con 200ml de agua y procese hasta que quede suave. Si está demasiado espesa, agregue más agua (hasta 400 ml) hasta obtener la mezcla adecuada.

2. Tazón de batido verde arcoíris

Ingredientes

❖ 50 g de espinacas

❖ 1 aguacate, deshuesado, pelado y cortado por la mitad

❖ 1 mango maduro, deshuesado, pelado y cortado en trozos

❖ 1 manzana, sin corazón y cortada en trozos

❖ 200ml de leche de almendras

❖ 1 fruta del dragón, pelada y cortada en trozos iguales

❖ 100 g de bayas mixtas (usamos fresas, frambuesas y arándanos)

Instrucción

1. Ponga la leche de espinacas, aguacate, mango, manzana y almendras en una licuadora y mezcle hasta que quede suave y espesa. Dividir en dos tazones y cubrir con la fruta del dragón y las bayas.

3. Tazón de batido tropical

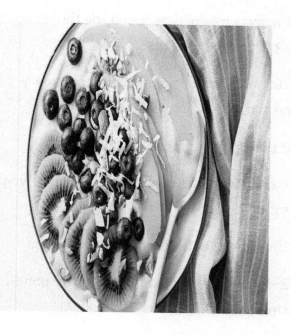

Ingredientes

- ❖ 1 mango maduro pequeño, deshuesado, pelado y cortado en trozos

- ❖ 200 g de piña, pelada, sin corazón y cortada en trozos

- ❖ 2 plátanos maduros

- ❖ 2 cucharadas de yogur de coco (no yogur con sabor a coco)

- ❖ 150 ml de leche de coco para beber

- ❖ 2 frutas de la pasión, cortadas por la mitad, sin semillas

- ❖ puñado de arándanos

- ❖ 2 cucharadas de hojuelas de coco

- ❖ unas hojas de menta

instrucciones

1. Coloque el mango, la piña, los plátanos, el yogur y la leche de coco en una licuadora y mezcle hasta que quede suave y espeso. Verter en dos cuencos y decorar con la fruta de la pasión,

los arándanos, las hojuelas de coco y las hojas de menta. Se conservará en la nevera durante 1 día. Agregue las coberturas justo antes de servir.

Tazón de batido de cúrcuma

Ingredientes

- ❖ 10 cm / 4 pulgadas de cúrcuma fresca o 2 cucharaditas de cúrcuma molida

- ❖ 3 cucharadas de yogur de leche de coco (usamos Co Yoh), o la crema desnatada de la parte superior de la leche de coco enlatada

- ❖ 50g de avena sin gluten

- ❖ 1 cucharada de mantequilla de anacardos (o un puñado de anacardos)

- ❖ 2 plátanos, pelados y picados

- ❖ $\frac{1}{2}$ cucharadita de canela molida

- ❖ 1 cucharada de semillas de chía o nueces picadas, para servir

instrucción

1. Pele la raíz de cúrcuma, si la usa, y ralle. Ponga todos los ingredientes en una licuadora con 600ml de agua y mezcle hasta que quede suave. Servir en un bol con semillas de chía o espolvorear algunas nueces picadas.

5. Batido cremoso de mango y coco

Ingredientes

- ❖ 200 ml (½ vaso alto) de leche de coco (usamos Kara Dairy Free)

- ❖ 4 cucharadas de yogur de leche de coco (usamos Coyo)

- ❖ 1 plátano

- ❖ 1 cucharada de semillas de linaza, girasol y calabaza molidas (usamos Linwood's)

- ❖ 120 g (¼ bolsa) de trozos de mango congelados

- ❖ 1 maracuyá, para terminar (opcional)

instrucción

1. Mide todos los ingredientes o usa un vaso alto para acelerar, no tienen que ser exactos. Ponlos en una licuadora y bate hasta que estén suaves. Vierta en 1 vaso alto (tendrá suficiente para rellenar) o en dos vasos cortos. Corte la fruta de la pasión por la mitad, si la usa, y raspe las semillas encima.

6 batido de bayas

Ingredientes

- ❖ Bolsa de 450g de bayas congeladas
- ❖ 450 g de yogur de fresa sin grasa en bote
- ❖ 100 ml de leche
- ❖ 25g de avena
- ❖ 2 cucharaditas de miel (opcional)

instrucción

1. Batir las bayas, el yogur y la leche con una batidora hasta que quede suave. Revuelva con la avena, luego vierta en 4 vasos y sirva con un chorrito de miel, si lo desea.

7.Batido de mora y remolacha

Ingredientes

❖ 250 ml de agua de coco

❖ pizca de canela molida

❖ $\frac{1}{4}$ de cucharadita de nuez moscada molida

❖ 4 cm de jengibre fresco, pelado

❖ 1 cucharada de semillas de cáñamo sin cáscara

❖ 2 remolachas pequeñas cocidas, picadas

❖ pequeño puñado de moras

❖ 1 pera, picada

❖ pequeño puñado de col rizada

instrucción

1. Agrega el agua de coco a tu licuadora con las especias y el jengibre fresco. Agregue los ingredientes restantes y mezcle hasta que quede suave. Agregue más líquido si prefiere una consistencia más fina. Vierta en vasos y sirva.

8.Batido de refuerzo de vitaminas

Ingredientes

- ❖ 1 naranja, pelada y picada

- ❖ 1 zanahoria grande, pelada y picada

- ❖ 2 ramas de apio, picadas

- ❖ 50 g de mango, picado

- ❖ 200 ml de agua

- ❖ Método

instrucción

1. Ponga toda la naranja, la zanahoria, el apio y el mango en la licuadora, rellénelo con agua y luego bata hasta que quede suave.

9.cubos de batido de arándanos

Ingredientes

- ❖ moras

- ❖ fresas

- ❖ frambuesas, maracuyá

- ❖ mango

- ❖ cualquier otra fruta que te guste

instrucción

1. Haga puré de una fruta (pruebe moras, fresas, frambuesas, maracuyá y mango, en un procesador de alimentos, deje las pepitas o tamice.

2. Congele en bandejas de hielo listas para batir (3 por porción) con un plátano, 150 ml de yogur natural y leche y miel al gusto.

10 batido de melocotón y melba

Ingredientes

❖ Lata de 410g de melocotón en mitades

❖ 100 g de frambuesa congelada, más algunas para decorar

❖ 100 ml de zumo de naranja

❖ 150 ml de natillas frescas, más una cucharada para decorar

instrucción

1. Escurre y enjuaga los duraznos y colócalos en una licuadora con frambuesas. Agregue jugo de naranja y natillas frescas y mezcle.

2. Verter sobre hielo, decorar con otra cucharada de natillas y unas frambuesas. Se recomienda servir frío.

11.Batido de plátano, clementina y mango

Ingredientes

❖ unas 24 jugosas clementinas, más una extra para decoración

❖ 2 mangos pequeños, muy maduros y jugosos

❖ 2 plátanos maduros

❖ Envase de 500 g de leche entera o yogur descremado

❖ puñado de cubitos de hielo (opcional)

instrucción

1. Reduzca a la mitad la clementina y exprima el jugo; debe tener aproximadamente 600 ml / 1 pinta. (Esto se puede hacer la noche anterior). Pele los mangos, corte la fruta del hueso en el centro y luego corte la pulpa en trozos ásperos. Pelar y cortar los plátanos en rodajas.

2. Coloque el jugo de clementina, la pulpa de mango, los plátanos, el yogur y los cubitos de hielo en una licuadora y mezcle hasta que quede suave. Vierta en seis vasos y sirva. (Es posible que deba preparar esto en dos lotes,

dependiendo del tamaño de su licuadora). Si no agrega cubitos de hielo, enfríe en el refrigerador hasta que esté listo para servir.

12 batido de acaí

Ingredientes

❖ 100 g de pulpa de açai cruda, congelada, sin endulzar, descongelada

❖ 50 g de piña congelada

❖ 100g de fresa

❖ 1 plátano mediano

❖ 250ml de jugo de mango o naranja

❖ 1 cucharada de néctar de agave o miel

instrucción

1. Coloque todos los ingredientes en la licuadora o procesador de alimentos. Mezclar hasta que esté suave. Si está demasiado espeso, agregue un poco más de mango o jugo de naranja. Sirve en 2 vasos altos.

13.Batido de mango y maracuyá

Ingredientes

- ❖ 400g / 14oz de mango maduro pelado y picado
- ❖ 2 botes de 125 g de yogur de mango sin grasa
- ❖ 250ml de leche desnatada
- ❖ jugo de 1 lima
- ❖ 4 frutas de la pasión, cortadas por la mitad

instrucción

1. Batir el mango, el yogur y la leche en una licuadora hasta que quede suave. Agregue el jugo de limón y vierta en 4 vasos. Saque la pulpa de una maracuyá en cada una y revuélvalas antes de servir.

14 batido de frutas del bosque y plátano

Ingredientes

❖ frutas congeladas del bosque

❖ plátano, en rodajas

❖ yogur de frutas del bosque bajo en grasa

instrucción

1. Batir frutas del bosque congeladas y rodajas de plátano en un procesador de alimentos con yogur de frutas del bosque bajo en grasa.

15.Gomitas batidas con helado

Ingredientes

- ❖ 6 hojas de gelatina de hojas

- ❖ Botella de 1l de licuado de naranja, mango y maracuyá (usamos Innocent)

- ❖ Servir

- ❖ Tarrina de 500 ml de helado de vainilla de buena calidad como Green & Black's (es posible que no lo necesite todo)

instrucción

1. Ponga la gelatina de hojas en un bol y cúbrala con agua fría. Déjelo por unos minutos hasta que esté suave y suelto. Mientras tanto, calienta suavemente el batido en una cacerola sin que hierva. Quita el fuego. Saca la gelatina del agua, exprime el exceso de agua y luego agrégala al batido. Revuelva bien hasta que quede suave, luego vierta en 12 moldes, ollas o vasos, o use 24 ollas del tamaño de un vaso de chupito. Deje enfriar durante al menos 1 hora para que cuaje.

2. Para obtener mini bolas de helado perfectas, sumerja una cucharada de cucharada

medidora en una taza de agua caliente y luego sacuda el exceso. Saque el helado, sumergiendo la cuchara en el agua caliente cada vez. Sirva cada gelatina de batido cubierta con helado.

16. Batido de plátano, miel y avellanas

Ingredientes

- ❖ 1 plátano pelado y en rodajas

- ❖ 250ml de leche de soja

- ❖ 1 cucharadita de miel

- ❖ un poco de nuez moscada rallada

- ❖ 2 cucharaditas de avellanas picadas, para servir

instrucción

1. Licúa el plátano con la leche de soja, la miel y un poco de nuez moscada rallada hasta que quede suave. Vierta en dos vasos grandes y cubra con las avellanas tostadas y picadas para servir.

17 Super batido de desayuno

Ingredientes

- ❖ 100 ml de leche entera
- ❖ 2 cucharadas de yogur natural
- ❖ 1 plátano
- ❖ 150g de frutas del bosque congeladas
- ❖ 50 g de arándanos
- ❖ 1 cucharada de semillas de chía
- ❖ ½ cucharadita de canela
- ❖ 1 cucharada de bayas de goji
- ❖ 1 cucharadita de semillas mixtas
- ❖ 1 cucharadita de miel (idealmente Manuka)

instrucción

1. Pon los ingredientes en una licuadora y bate hasta que estén suaves. ¡Vierte en un vaso y disfruta!

18.leche de almendras

ingredientes

❖ 150g de almendras enteras

instrucción

1. Coloque las almendras en un recipiente grande
   y cúbralas con agua, luego cubra el recipiente
   y déjelas en remojo durante la noche o
   durante al menos 4 horas.

2. Al día siguiente, escurrir y enjuagar las
   almendras, luego verter en una licuadora con
   750 ml de agua fría. Batir hasta que quede
   suave. Vierta la mezcla en un colador forrado
   de muselina sobre una jarra y deje que gotee.
   Revuelve la mezcla suavemente con una
   cuchara para acelerar el proceso.

3. Cuando la mayor parte del líquido haya pasado
   a la jarra, junte los lados de la muselina y
   apriételos firmemente con ambas manos para
   extraer lo último de la leche.

19.Pastel de dulce de chocolate fácil

Ingredientes

- ❖ 150 ml de aceite de girasol, más extra para la lata

- ❖ 175 g de harina con levadura

- ❖ 2 cucharadas de cacao en polvo

- ❖ 1 cucharadita de bicarbonato de sodio

- ❖ 150 g de azúcar en polvo

- ❖ 2 cucharadas de sirope dorado

- ❖ 2 huevos grandes, ligeramente batidos

- ❖ 150ml de leche semidesnatada

Para la guinda

- ❖ 100 g de mantequilla sin sal

- ❖ 225 g de azúcar glas

- ❖ 40 g de cacao en polvo

- ❖ $2\frac{1}{2}$ cucharadas de leche (un poco más si es necesario)

instrucción

1. Caliente el horno a 180C / 160C ventilador / gas 4. Engrase y forre la base de dos latas para sándwiches de 18 cm. Tamizar la harina, el cacao en polvo y el bicarbonato de sodio en un bol. Agrega el azúcar en polvo y mezcla bien.

2. Hacer un pozo en el centro y agregar el almíbar dorado, los huevos, el aceite de girasol y la leche. Batir bien con un batidor eléctrico hasta que quede suave.

3. Vierta la mezcla en las dos latas y hornee durante 25-30 minutos hasta que suba y esté firme al tacto. Retirar del horno, dejar enfriar durante 10 minutos antes de colocar en una rejilla para enfriar.

4. Para hacer el glaseado, bata la mantequilla sin sal en un bol hasta que esté blanda. Colar y batir gradualmente el azúcar glas y el cacao en polvo, luego agregar suficiente leche para que el glaseado quede esponjoso y untable.

5. Emparede los dos pasteles junto con el glaseado de mantequilla y cubra los lados y la

parte superior del pastel con más glaseado.

20.Faux gras con tostadas y encurtidos

Ingredientes

- ❖ 100 g de mantequilla ablandada

- ❖ 300 g de hígados de pollo o pato orgánicos, recortados, limpios y secos

Servir

- ❖ brioche en rodajas o masa madre

- ❖ cornichons

- ❖ chatney

- ❖ escamas de sal marina

instrucción

1. Calentar 50g de mantequilla en una sartén hasta que chisporrotee, añadir los hígados y freír durante 4 min hasta que estén coloreadas por fuera y ligeramente rosadas en el medio. Deje enfriar, luego vierta el contenido de la sartén en un procesador de alimentos o una licuadora de batidos. Sazone generosamente con sal y agregue la mantequilla restante. Revuelva hasta que tenga un puré suave, luego raspe en un

51

recipiente, alise la parte superior y colóquelo en el refrigerador para enfriar durante al menos 2 horas. Se puede hacer con un día de anticipación.

2. Para servir, ponga a la plancha rebanadas de brioche o masa madre y vierta algunos cornichons y chutney en ollas pequeñas. Pon una cuchara grande en una taza de agua caliente. Como si estuviera sirviendo helado, coloque una cucharada de faux gras en cada plato, sumergiendo la cuchara en el agua después de cada cucharada. Espolvoree unas hojuelas de sal sobre cada cucharada y sirva con las tostadas, los cornichons y la salsa picante.

21 BATIDO DE ACAI DE FRESA

INGREDIENTES

- ❖ oz paquete de acai congelado

- ❖ 1 plátano

- ❖ 1 taza de fresas

- ❖ 3/4 taza de leche de almendras o de anacardos

INSTRUCCIONES

1. Agregue todos los ingredientes a una licuadora de alta potencia y mezcle hasta que quede suave.

22 BATIDO VERDE POSTERIOR AL ENTRENAMIENTO

ingredientes

- ❖ 2 tazas de agua filtrada
- ❖ 2 tazas de espinacas tiernas
- ❖ 1 plátano, en rodajas y congelado
- ❖ 1 manzana verde
- ❖ 1/4 de aguacate
- ❖ 2 cucharadas de colágeno en polvo
- ❖ 2 cucharadas de proteína en polvo
- ❖ 2 cucharadas de semillas de chía

INSTRUCCIONES

1. Coloque todos los ingredientes en una licuadora de alta potencia.

2. Licue durante 30 segundos o hasta que quede suave.

23 BATIDO DE PERSIMMON ESPECÍFICO

INGREDIENTES

- ❖ 2 caquis Fuyu maduros

- ❖ 1 plátano, congelado

- ❖ 1 taza de leche de almendras, de anacardos u otra leche de nueces

- ❖ 1/4 cucharadita de jengibre

- ❖ 1/4 cucharadita de canela

- ❖ pizca de clavo molido

INSTRUCCIONES

1. Lave los caquis y corte el tallo. Agréguelos junto con todos los demás ingredientes a una licuadora de alta potencia y mezcle durante un minuto.

2. Opcionalmente, decore el interior de un vaso con una rodaja fina de caqui.

24 BATIDO DE REMOLACHA, ZANAHORIA Y CÚRMERICA

INGREDIENTES

- ❖ 2 remolachas doradas, picadas
- ❖ 1 zanahoria grande, picada
- ❖ 1 plátano, pelado, cortado en rodajas y congelado
- ❖ 4 mandarinas peladas
- ❖ Jugo de 1 limón
- ❖ 1/4 cucharadita de cúrcuma en polvo
- ❖ 1 1/2 taza de agua fría

RECUBRIMIENTO OPCIONAL

- ❖ zanahoria rayada
- ❖ semillas de cáñamo

INSTRUCCIONES

1. Agregue todos los ingredientes en una licuadora de alta potencia y mezcle hasta que quede suave.

2. Vierta en vasos y agregue cualquier aderezo opcional.

25 BATIDO DE CHOCOLATE CON COLÁGENO

INGREDIENTES

- ❖ 2 tazas de leche de coco u otra leche

- ❖ 1 plátano congelado

- ❖ 2 cucharadas de mantequilla de almendras

- ❖ 1/4 taza de cacao en polvo crudo

- ❖ 2 cucharadas o más péptidos de colágeno de proteínas vitales

INSTRUCCIONES

1. Agregue todos los ingredientes a una licuadora de alta potencia y mezcle hasta que quede suave.

26 BATIDO DE FECHA DE COCCIÓN (VEGANO, PALEO)

INGREDIENTES

- ❖ 2/3 taza de anacardos crudos, remojados durante 2-4 horas

- ❖ 6 dátiles Medjool, sin hueso y remojados durante 10 minutos

- ❖ 1 plátano, en rodajas y congelado

- ❖ 3/4 taza de agua

- ❖ 2 tazas de hielo

- ❖ 1 cucharadita de extracto de vainilla

- ❖ 1/4 cucharadita de nuez moscada

- ❖ Pizca de canela

- ❖ Una pizca de sal marina

INSTRUCCIONES

1. Una vez que los anacardos y los dátiles se hayan remojado y escurrido, agréguelos a una licuadora de alta potencia. Agregue los ingredientes restantes y mezcle a fuego alto hasta que quede espeso y cremoso.

27 CUENCO BATIDO DE CEREZAS OSCURAS

INGREDIENTES

- ❖ tazas de cerezas congeladas, sin hueso

- ❖ 1 plátano

- ❖ 1/2 taza de agua de coco

RECUBRIMIENTO OPCIONAL

- ❖ cerezas enteras

- ❖ hojuelas de coco

- ❖ almendras laminadas

- ❖ semillas de cacao crudo

INSTRUCCIONES

1. Agregue las cerezas congeladas, el plátano y el agua de coco en una licuadora de alta potencia. Mezclar hasta que esté suave.

2. Vierta la mezcla de batido en un bol y agregue los ingredientes.

28.PITAYA SMOOTHIE BOWL

INGREDIENTES

- ❖ 2 paquetes Pitaya Plus

- ❖ 1 plátano

- ❖ 4 fresas

- ❖ 3/4 taza de agua de coco

ADORNOS OPCIONALES

- ❖ fresas

- ❖ fruta de kiwi

- ❖ anacardos

- ❖ Coco

INSTRUCCIONES

1. Agregue la pitaya congelada, el plátano, las fresas y el agua de coco en una licuadora de alta potencia. Licue a fuego alto durante un minuto, hasta que esté bien combinado.

2. Vierta su batido de pitaya en un tazón y agregue sus ingredientes.

29 Batido saludable de cacao, plátano y PB

Ingredientes

- ❖ 1 taza de leche

- ❖ ½ banana congelada picada, o más al gusto

- ❖ 2 cucharadas de mantequilla de maní

- ❖ 2 cucharaditas de cacao en polvo sin azúcar

- ❖ 1 cucharadita de miel

instrucción

1. Mezcle la leche, el plátano, la mantequilla de maní, el cacao en polvo y la miel en una licuadora hasta que quede suave.

30 Latte de cúrcuma

Ingredientes

- ❖ 1 taza de leche de almendras sin azúcar o bebida de leche de coco

- ❖ 1 cucharada de cúrcuma fresca rallada

- ❖ 2 cucharaditas de miel o jarabe de arce puro

- ❖ 1 cucharadita de jengibre fresco rallado

- ❖ Pizca de pimienta molida

- ❖ 1 pizca de canela molida para decorar

Instrucciones

1. Combine la leche, la cúrcuma, el jarabe de arce (o miel), el jengibre y la pimienta en una licuadora. Procese a fuego alto hasta que esté muy suave, aproximadamente 1 minuto. Vierta en una cacerola pequeña y caliente a fuego medio-alto hasta que esté humeante pero no hirviendo. Transfiera a una taza. Adorne con una pizca de canela, si lo desea.

31 Batido de frutas y yogur

Ingredientes

❖ 3/4 taza de yogur natural sin grasa

❖ 1/2 taza de jugo de fruta 100% puro

❖ 1 1/2 tazas (6 1/2 onzas) de frutas congeladas, como arándanos, frambuesas, piña o duraznos

Instrucciones

1. Haga puré de yogur con jugo en una licuadora hasta que quede suave. Con el motor en marcha, agregue fruta a través del orificio de la tapa y continúe haciendo puré hasta que quede suave.

32 Batido de unicornio

Ingredientes

- ❖ 1 ½ tazas de leche descremada, dividida

- ❖ 1 ½ tazas de yogur de vainilla bajo en grasa, cantidad dividida

- ❖ 3 plátanos grandes, divididos

- ❖ 1 taza de moras o arándanos congelados

- ❖ 1 taza de trozos de mango congelados

- ❖ 1 taza de frambuesas o fresas congeladas

- ❖ Carambola, kiwi, bayas mixtas y semillas de chía para decorar

instrucción

1. Combine 1/2 taza de leche y yogur, 1 plátano y moras (o arándanos) en una licuadora. Mezclar hasta que esté suave. Divida la mezcla entre 4 vasos grandes. Coloque en el congelador. Enjuaga la licuadora.

2. Combine 1/2 taza de leche y yogur, 1 plátano y trozos de mango en la licuadora. Mezclar hasta que esté suave. Dividir la mezcla sobre la capa morada de los vasos. Regrese los vasos

al congelador. Enjuaga la licuadora.

3. Combine la 1/2 taza restante de cada leche y yogur, el plátano y las frambuesas restantes (o fresas) en la licuadora. Mezclar hasta que esté suave. Dividir la mezcla sobre la capa amarilla de los vasos. Pasa una brocheta por los bordes para hacer girar las capas ligeramente.

4. Si lo desea, coloque rodajas de carambola, rodajas de kiwi y bayas en 4 brochetas de madera para adornar cada vaso. Espolvoree con semillas de chía, si lo desea.

33 Batido de proteína de chocolate y plátano

Ingredientes

- ❖ 1 plátano, congelado

- ❖ ½ taza de lentejas rojas cocidas

- ❖ ½ taza de leche descremada

- ❖ 2 cucharaditas de cacao en polvo sin azúcar

- ❖ 1 cucharadita de jarabe de arce puro

Direcciones

1. Combine el plátano, las lentejas, la leche, el cacao y el almíbar en una licuadora.

2. Haga puré hasta que quede suave.

34 Batido de desayuno de crema

Ingredientes

- ❖ 1 taza de agua de coco pura fría, sin azúcar ni sabor añadidos (ver Consejo)

- ❖ 1 taza de yogur griego de vainilla sin grasa

- ❖ 1 taza de trozos de mango fresco o congelado

- ❖ 3 cucharadas de jugo de naranja concentrado congelado

- ❖ 2 tazas de hielo

Direcciones

1. Mezcle el agua de coco, el yogur, el mango, el concentrado de jugo de naranja y el hielo en una licuadora hasta que quede suave.

35 Batido de bayas y coco

Ingredientes

- ❖ ½ taza de lentejas rojas cocidas (ver Consejos), enfriadas

- ❖ ¾ taza de bebida de leche de coco y vainilla sin azúcar

- ❖ ½ taza de bayas mixtas congeladas

- ❖ ½ taza de plátano en rodajas congelado

- ❖ 1 cucharada de coco rallado sin azúcar, y más para decorar

- ❖ 1 cucharadita de miel

- ❖ 3 cubitos de hielo

Direcciones

1. Coloque las lentejas, la leche de coco, las bayas, el plátano, el coco, la miel y los cubitos de hielo en una licuadora. Licue a fuego alto hasta que esté muy suave, de 2 a 3 minutos. Adorne con más coco, si lo desea.

36 Batido de zanahoria

Ingredientes

❖ 1 taza de zanahorias en rodajas

❖ $\frac{1}{2}$ cucharadita de cáscara de naranja finamente rallada

❖ 1 taza de jugo de naranja

❖ 1 $\frac{1}{2}$ tazas de cubitos de hielo

❖ 3 (1 pulgada) rizos de piel de naranja

Direcciones

1. En una cacerola pequeña tapada, cocine las zanahorias en una pequeña cantidad de agua hirviendo durante unos 15 minutos o hasta que estén muy tiernas. Escurrir bien. Fresco.

2. Coloque las zanahorias escurridas en una licuadora. Agregue la cáscara de naranja finamente rallada y el jugo de naranja. Cubra y mezcle hasta que quede suave. Agrega cubitos de hielo; cubra y mezcle hasta que quede suave. Vierta en vasos. Si lo desea, decore con rizos de piel de naranja.

37 Tazón de batido de mieles

Ingredientes

- ❖ 4 tazas de mielada congelada en cubos (piezas de 1/2 pulgada)

- ❖ $\frac{1}{2}$ taza de bebida de leche de coco sin azúcar

- ❖ ⅓ taza de jugo verde, como pasto de trigo

- ❖ 1 cucharada de miel

- ❖ Pizca de sal

- ❖ Bolas de melón, bayas, nueces y / o albahaca fresca para decorar

Instrucciones

1. Combine la mielada, la leche de coco, el jugo, la miel y la sal en un procesador de alimentos o en una licuadora de alta velocidad. Alterne entre batir y batir, deteniéndose para revolver y raspar los lados según sea necesario, hasta que esté espeso y suave, de 1 a 2 minutos. Sirva el batido cubierto con más melón, bayas, nueces y / o albahaca, si lo desea.

38 Batido de mantequilla de maní y mermelada

Ingredientes

- ❖ $\frac{1}{2}$ taza de leche descremada

- ❖ ⅓ taza de yogur griego natural sin grasa

- ❖ 1 taza de espinacas tiernas

- ❖ 1 taza de rodajas de plátano congeladas (aproximadamente 1 plátano mediano)

- ❖ $\frac{1}{2}$ taza de fresas congeladas

- ❖ 1 cucharada de mantequilla de maní natural

- ❖ 1-2 cucharaditas de miel o jarabe de arce puro (opcional)

Instrucciones

1. Agregue la leche y el yogur a una licuadora, luego agregue la espinaca, el plátano, las fresas, la mantequilla de maní y el edulcorante (si lo usa); mezclar hasta que esté suave.

39 Tazón de batido de melón

Ingredientes

❖ 4 tazas de melón en cubos congelado (piezas de 1/2 pulgada)

❖ $\frac{3}{4}$ taza de jugo de zanahoria

❖ Pizca de sal

❖ Bolas de melón, bayas, nueces y / o albahaca fresca para decorar

Instrucciones

1. Combine el melón, el jugo y la sal en un procesador de alimentos o en una licuadora de alta velocidad. Alterne entre batir y batir, deteniéndose para revolver y raspar los lados según sea necesario, hasta que esté espeso y suave, de 1 a 2 minutos. Sirva el batido cubierto con más melón, bayas, nueces y / o albahaca, si lo desea.

40 Batido verde de aguacate de Jason Mraz

Ingredientes

- ❖ 1 $\frac{1}{4}$ tazas de leche de almendras fría sin azúcar o bebida de leche de coco

- ❖ 1 aguacate maduro

- ❖ 1 plátano maduro

- ❖ 1 manzana dulce, como Honeycrisp, en rodajas

- ❖ $\frac{1}{2}$ apio tallo grande o 1 pequeño, picado

- ❖ 2 tazas de hojas de col rizada o espinacas ligeramente empaquetadas

- ❖ 1 pieza de jengibre fresco pelado de 1 pulgada

- ❖ 8 cubitos de hielo

Instrucciones

1. Mezcle la bebida láctea, el aguacate, el plátano, la manzana, el apio, la col rizada (o espinaca), el jengibre y el hielo en una licuadora hasta que quede muy suave.

41 Batido de tofu Tropic

Ingredientes

❖ 2 tazas de mango congelado cortado en cubitos

❖ 1 $\frac{1}{2}$ tazas de jugo de piña

❖ $\frac{3}{4}$ taza de tofu sedoso

❖ $\frac{1}{4}$ de taza de jugo de lima

❖ 1 cucharadita de ralladura de lima recién rallada

Instrucciones

1. Combine el mango, el jugo de piña, el tofu, el jugo de lima y la ralladura de lima en una licuadora; mezclar hasta que esté suave. Servir inmediatamente.

42 Buen batido de té verde

Ingredientes

❖ 3 tazas de uvas blancas congeladas

❖ 2 tazas llenas de espinacas tiernas

❖ 1 1/2 tazas de té verde preparado fuerte (ver Consejo), enfriado

❖ 1 aguacate mediano maduro

❖ 2 cucharaditas de miel

Instrucciones

1. Combine las uvas, las espinacas, el té verde, el aguacate y la miel en una licuadora; mezclar hasta que esté suave. Servir inmediatamente.

43 Batido de lino y naranja

Ingredientes

❖ 2 tazas de rodajas de durazno congeladas

❖ 1 taza de jugo de zanahoria

❖ 1 taza de jugo de naranja

❖ 2 cucharadas de linaza molida (ver consejo)

❖ 1 cucharada de jengibre fresco picado

Instrucciones

1. Combine los duraznos, el jugo de zanahoria, el jugo de naranja, la linaza y el jengibre en la licuadora; mezclar hasta que esté suave. Servir inmediatamente.

44 Tazón de batido de sirena

Ingredientes

- ❖ 2 plátanos congelados, pelados

- ❖ 2 kiwis pelados

- ❖ 1 taza de trozos de piña fresca

- ❖ 1 taza de leche de almendras sin azúcar

- ❖ 2 cucharaditas de espirulina azul en polvo

- ❖ $\frac{1}{2}$ taza de arándanos frescos

- ❖ $\frac{1}{2}$ manzana Fuji pequeña, cortada en rodajas finas y en forma de flor de 1 pulgada

Instrucciones

1. Combine plátanos, kiwis, piña, leche de almendras y espirulina en una licuadora. Mezcle a fuego alto hasta que quede suave, aproximadamente 2 minutos.

2. Divide el batido en 2 tazones. Cubra con arándanos y manzanas.

45 Tazón de batido verde de almendras y matcha

Ingredientes

❖ ½ taza de plátano en rodajas congelado

❖ ½ taza de duraznos en rodajas congelados

❖ 1 taza de espinaca fresca

❖ ½ taza de leche de almendras sin azúcar

❖ 5 cucharadas de almendras picadas, divididas

❖ 1 ½ cucharaditas de té matcha en polvo

❖ 1 cucharadita de sirope de arce

❖ ½ kiwi maduro, cortado en cubitos

Instrucciones

1. Licúa el plátano, los duraznos, las espinacas, la leche de almendras, 3 cucharadas de almendras, el matcha y el jarabe de arce en una licuadora hasta que quede muy suave.

2. Vierta el batido en un tazón y cubra con kiwi y las 2 cucharadas restantes de almendras en rodajas.

46 Batido de unicornio

Ingredientes

❖ 1 $\frac{1}{2}$ tazas de leche descremada, dividida

❖ 1 $\frac{1}{2}$ tazas de yogur de vainilla bajo en grasa, cantidad dividida

❖ 3 plátanos grandes, divididos

❖ 1 taza de moras o arándanos congelados

❖ 1 taza de trozos de mango congelados

❖ 1 taza de frambuesas o fresas congeladas

❖ Carambola, kiwi, bayas mixtas y semillas de chía para decorar

Instrucciones

1. Combine 1/2 taza de leche y yogur, 1 plátano y moras (o arándanos) en una licuadora. Mezclar hasta que esté suave. Divida la mezcla entre 4 vasos grandes. Coloque en el congelador. Enjuaga la licuadora.

2. Combine 1/2 taza de leche y yogur, 1 plátano y trozos de mango en la licuadora. Mezclar hasta que esté suave. Dividir la mezcla sobre la capa morada de los vasos. Regrese los vasos

al congelador. Enjuaga la licuadora.

3. Combine la 1/2 taza restante de cada leche y yogur, el plátano y las frambuesas restantes (o fresas) en la licuadora. Mezclar hasta que esté suave. Dividir la mezcla sobre la capa amarilla de los vasos. Pasa una brocheta por los bordes para hacer girar las capas ligeramente.

4. Si lo desea, coloque rodajas de carambola, rodajas de kiwi y bayas en 4 brochetas de madera para adornar cada vaso. Espolvoree con semillas de chía, si lo desea.

47 Batido triple de melón

Ingredientes

- ❖ $\frac{1}{2}$ taza de sandía picada

- ❖ $\frac{1}{2}$ taza de melón maduro picado

- ❖ $\frac{1}{2}$ taza de melón dulce maduro picado

- ❖ $\frac{1}{4}$ taza de aguacate cortado en cubitos

- ❖ 6 cubitos de hielo

- ❖ Exprimido de jugo de lima

Instrucciones

1. Combine la sandía, el melón, la mielada, el aguacate, el hielo y el jugo de lima en una licuadora. Haga un puré hasta que quede suave.

48 Batido de cítricos y bayas

Ingredientes

- ❖ 1 $\frac{1}{4}$ tazas de bayas frescas

- ❖ $\frac{3}{4}$ taza de yogur natural bajo en grasa

- ❖ $\frac{1}{2}$ taza de jugo de naranja

- ❖ 2 cucharadas de leche en polvo descremada

- ❖ 1 cucharada de germen de trigo tostado

- ❖ 1 cucharada de miel

- ❖ $\frac{1}{2}$ cucharadita de extracto de vainilla

Instrucciones

1. Coloque las bayas, el yogur, el jugo de naranja, la leche en polvo, el germen de trigo, la miel y la vainilla en una licuadora y mezcle hasta que quede suave.

49 Batido de sandía y cúrcuma

Ingredientes

- ❖ 4 tazas de trozos de sandía, sin semillas
- ❖ $\frac{1}{2}$ taza de agua
- ❖ 3 cucharadas de jugo de limón
- ❖ 3 cucharadas de jengibre fresco pelado, picado en trozos grandes
- ❖ 3 cucharadas de cúrcuma fresca, pelada y picada en trozos grandes (ver Consejo) o 1 cucharadita molida
- ❖ 4 cucharaditas de miel
- ❖ 1 cucharadita de aceite de coco extra virgen
- ❖ Pimienta molida

Instrucciones

1. Combine la sandía, el agua, el jugo de limón, el jengibre, la cúrcuma, la miel, el aceite y la pimienta en una licuadora. Haga puré hasta que quede suave, aproximadamente 1 minuto.

50 Batido realmente verde

Ingredientes

- ❖ 1 plátano maduro grande

- ❖ 1 taza de col rizada tierna o col rizada madura picada en trozos grandes

- ❖ 1 taza de leche de vainilla y almendras sin azúcar

- ❖ ¼ de aguacate maduro

- ❖ 1 cucharada de semillas de chía

- ❖ 2 cucharaditas de miel

- ❖ 1 taza de cubitos de hielo

Instrucciones

1. Combine el plátano, la col rizada, la leche de almendras, el aguacate, las semillas de chía y la miel en una licuadora. Mezcle a fuego alto hasta que esté cremoso y suave. Agregue hielo y mezcle hasta que quede suave.

Conclusión

Ya sea que esté buscando una manera de agregar algo de nutrición a su dieta diaria o que busque aprender más sobre batidos para comenzar su primera limpieza, ahora tiene algunas recetas y consejos excelentes para comenzar. Sin embargo, recuerde usar esto como una guía general. Una vez que aprenda a mezclar sabores, siéntase libre de hacer sus propias mezclas que se adapten a sus gustos y objetivos de salud.

Lightning Source UK Ltd.
Milton Keynes UK
UKHW020707130521
383649UK00005B/45